People in 피플

글을 쓴 이향안 님은

한양대학교 국문학과를 졸업하고, 2000년 MBC 연속극 기획안이 당선되어 작가가 되었습니다.
2001년 SBS TV 문학상을 수상하였고, 지금은 어린이책 작가로 활동하고 있습니다.
지은 책으로는 《엄마가 주는 선물》, 《광모 짝 되기》, 《나비길 따라 나불나불》, 《보글보글 마법의 과학책》 등이 있습니다.

그림을 그린 김선진 님은

대학에서 서양화를 전공하였습니다. '엄마랑 아빠랑 그림으로 읽는 동화전' 과 '12개의 문' 전시회에 참여하며
활발히 작업하고 있습니다. 그린 책으로는 《아이반호》, 《잭과 콩나무》, 《피터팬》, 《신밧드의 모험》 등이 있습니다.

조선의 바다를 지켜라 · 이순신
글 이향안 그림 김선진

펴낸이 김동휘 펴낸곳 여원미디어(주) 출판등록 제406-2009-0000032호 주소 경기도 파주시 회동길 130(문발동) 탄탄스토리하우스
전화번호 080 523 4077 홈페이지 www.tantani.com 제작책임 정원성
기획·편집책임 이연수 원고진행 김미경 강성은 조정미 사진진행 김남석 사진제공 열린서당 ·엔싸이버 ·유로포토 그림진행 ·디자인 글그림
판매처 한국가드너(주) 교육 마케팅 배선미 박관식

· 이 책에 사용한 사진은 해당 제공처의 허락을 받아 게재한 것입니다. 저작권자와 초상권자를 찾지 못한 일부 사진은 확인되는 대로 허락을 받겠습니다.
· 이 책에 실린 글과 그림의 무단 복제 및 전재를 금합니다.
ISBN 978-89-6168-513-9 ISBN 978-89-6168-572-6(세트)

이순신

조선의 바다를 지켜라

글 이향안 그림 김선진

여원미디어

철썩 철썩!
다그닥 다그닥 다그닥!
파도에 섞인 말발굽 소리가 다급히 들려온다.
여기는 조선의 남쪽 바다, 피비린내 나는 전쟁터.

"왜장 가토가 다시 바다를 건너올 것이라 한다.
이순신은 당장 수군을 이끌고 나가 가토를 쳐라!"

임금의 명령대로라면 바닷길을 지키고 있다가
가토가 이끄는 일본 전함들을 공격하면 될 것이다.
하지만 움직이지 않는 이순신.
절대로 출동 명령은 내리지 않을 것이다.
하늘보다 지엄한 임금의 명령일지라도 결코 따르지 않을 것이다.
왜일까? 그로부터 5년 전.

왜장 일본 장수를 낮잡아 부르는 말.

1592년 4월, 부산 앞바다에 일본 전함 700여 척이 모습을 드러냈다.

"장군, 왜군이 부산포를 공격했다고 합니다."
"부산과 동래성, 양산이 무너졌다고 합니다."
"왜군이 한양 바로 앞까지 왔다 합니다."

불타는 마을과 백성들의 비명 소리.
조총을 앞세운 왜군의 발아래 조선은 힘없이 무너지고 있었다.
나라를 지켜야 할 임금과 대신들은
20여 일 만에 궁궐을 버리고 피난길에 올랐다.
짓밟힌 땅, 버려진 백성들,
조선의 운명은 바람 앞의 등불이었다.
이대로 꺼져 버리고 말 것인가?
그러나 조선에는 이순신과 그가 이끄는 수군이 있었으니……

왜군 일본 군대.
조총 노끈에 불을 댕겨 화약을 폭발시켜 발사하는 옛날 총.

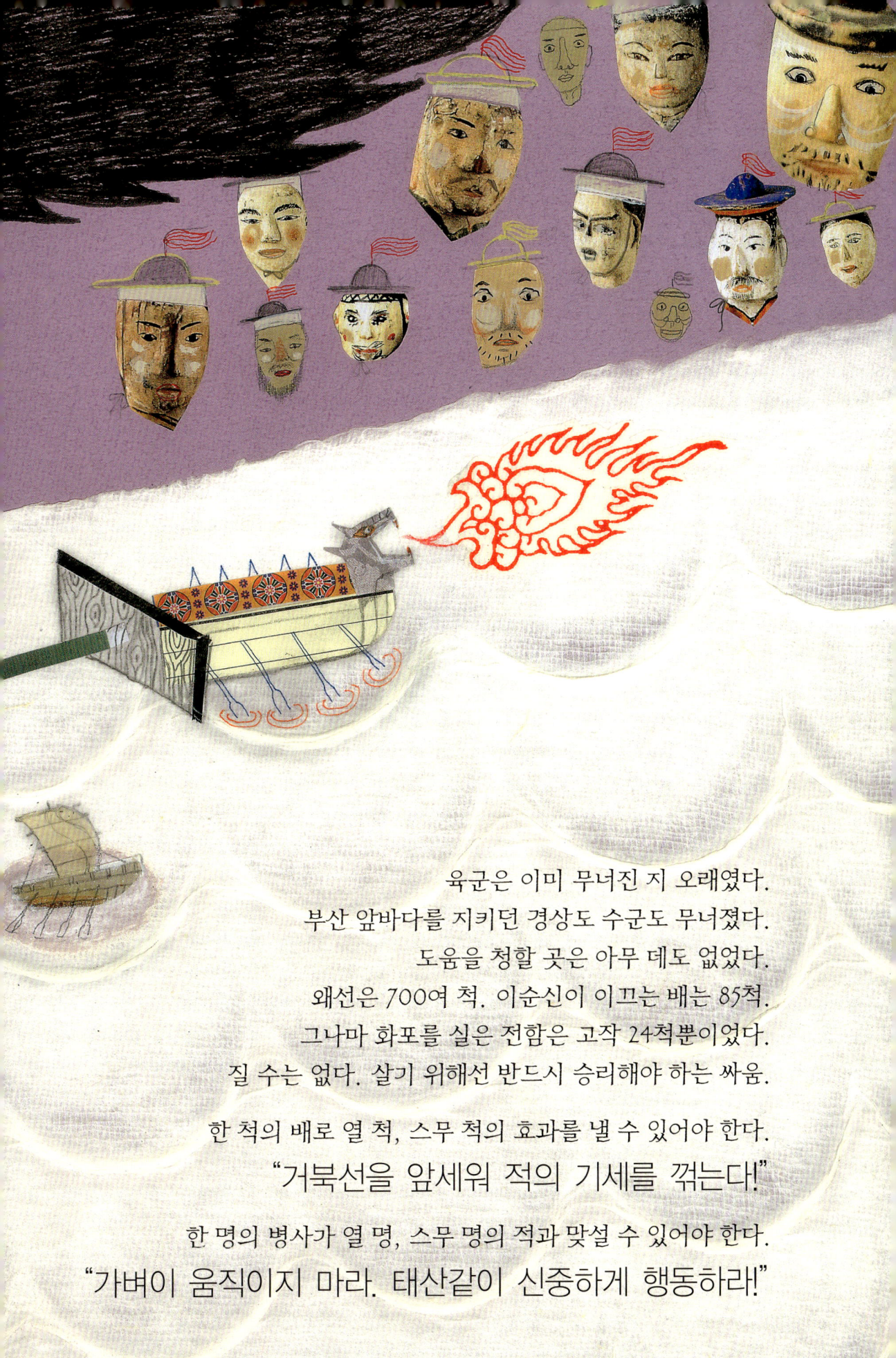

육군은 이미 무너진 지 오래였다.
부산 앞바다를 지키던 경상도 수군도 무너졌다.
도움을 청할 곳은 아무 데도 없었다.
왜선은 700여 척. 이순신이 이끄는 배는 85척.
그나마 화포를 실은 전함은 고작 24척뿐이었다.
질 수는 없다. 살기 위해선 반드시 승리해야 하는 싸움.

한 척의 배로 열 척, 스무 척의 효과를 낼 수 있어야 한다.
"거북선을 앞세워 적의 기세를 꺾는다!"

한 명의 병사가 열 명, 스무 명의 적과 맞설 수 있어야 한다.
"가벼이 움직이지 마라. 태산같이 신중하게 행동하라!"

첫 전투였던 옥포 해전.
이순신의 수군은 화포와 불화살을 쏘아
왜선 26척을 불태웠다.
이어진 전투에서 승리를 거듭하였고,
마침내 한산도 앞바다.

"공격하라! 학익진을 펼쳐라!"

학이 날개를 펼친 듯 적의 배를 둘러싸고
공격하는 학익진 전법.
조선의 전함들에게 꼼짝없이 갇힌 왜선들은
47척이 고스란히 불타 버렸다.

무기와 식량을 실어 나르는 바닷길이 끊기자,
육지에 머물던 왜군은 발목이 묶이게 되었다.
힘을 얻은 조선의 병사들과 의병들은
왜군을 몰아붙여 조선 땅에서 몰아내고야 말았다.
5년간의 전쟁이 끝난 것인가? 그러나……

가토 기요마사가 이끄는 왜군이
바다를 건너올 것이라는 정보가 임금에게 전달되었다.
"이순신은 당장 출동하여 왜장 가토의 목을 가져오너라!"

임금이 서둘러 명령했지만,
이순신은 임금의 명령을 따를 수가 없었다.
첩보원의 연락에 따르면 이것은 분명 거짓 정보였다.
거짓 정보에 속아 이순신이 움직이면, 뒤를 칠 속셈이었던 것이다.

"왜군들은 분명 길목에서 기다리고 있을 것입니다.
지금 움직이면 우리 병사들은 안전하지 못하니, 명을 거두어 주십시오!"
하지만 임금과 신하들은 이순신을 믿지 않았으니.

"이순신은 죽음이 두려워 움직이지 않는 것입니다.
당장 그 죄를 물으시옵소서."
이순신을 못마땅해 하던 신하들이 이순신을 헐뜯기 시작했다.
임금도 출동을 거듭 명했다.

신하된 도리로 임금의 명령을 따르는 것은 당연한 일.
적에게 패한다 해도 임금의 명령을 따른 충신이 될 터.
병사와 백성들이 목숨을 바쳐 싸운다면, 이길 수도 있었다.

하지만 백성들을 죽음으로 몰아넣고 얻은 승리는
누구를 위한 승리란 말인가.
"백성을 죽이는 충신이 되느니,
차라리 백성을 살리는 죄인이 되리라!"

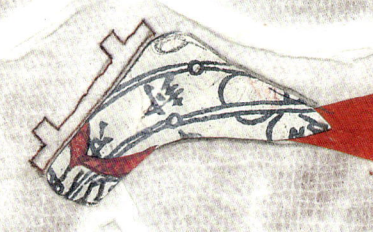

한양으로 끌려온 이순신은
임금의 명령을 어긴 죄인이 되어 감옥에 갇혔다.
백성과 병사들의 통곡 소리가 이어졌고,
몇몇 충신들은 임금에게 글을 올렸다.

'모름지기 재능이 있는 자는 나라의 보배입니다.
신분이 낮은 자라도 재능이 있다면 사랑하고 아끼는 법이거늘,
뛰어난 한 나라의 장수를 어찌 죽인단 말입니까?'

이순신은 죽음의 직전에서 간신히 목숨을 구할 수 있었다.
하지만 장군의 신분을 빼앗긴 채,
일반 병사가 되어 전쟁터에 나가게 되었다.

'이 전쟁을 승리로 이끌 수만 있다면,
장군이든 병사든 무슨 상관이란 말인가.'

이순신이 떠난 조선 수군은 어찌되었던가?
임금은 원균을 시켜 왜적을 칠 것을 명했다.

원균은 철저한 준비와 작전도 없이 서둘러 왜적을 치러 나섰다.
그러나 칠전량에서 왜군의 공격을 받았고,
조선 수군은 거의 전멸하고 말았다.

한줌 연기로 사라진 2백여 척의 배와 흔적 없이 불타 버린 거북선들.
남은 것은 단 12척의 배와 120명의 병사들뿐.
임금은 이순신에게 뜻밖의 명령을 내렸다.
"이미 수군은 무너졌다. 이순신은
　바다를 버리고 육지로 나와 왜적에 맞서 싸우라."

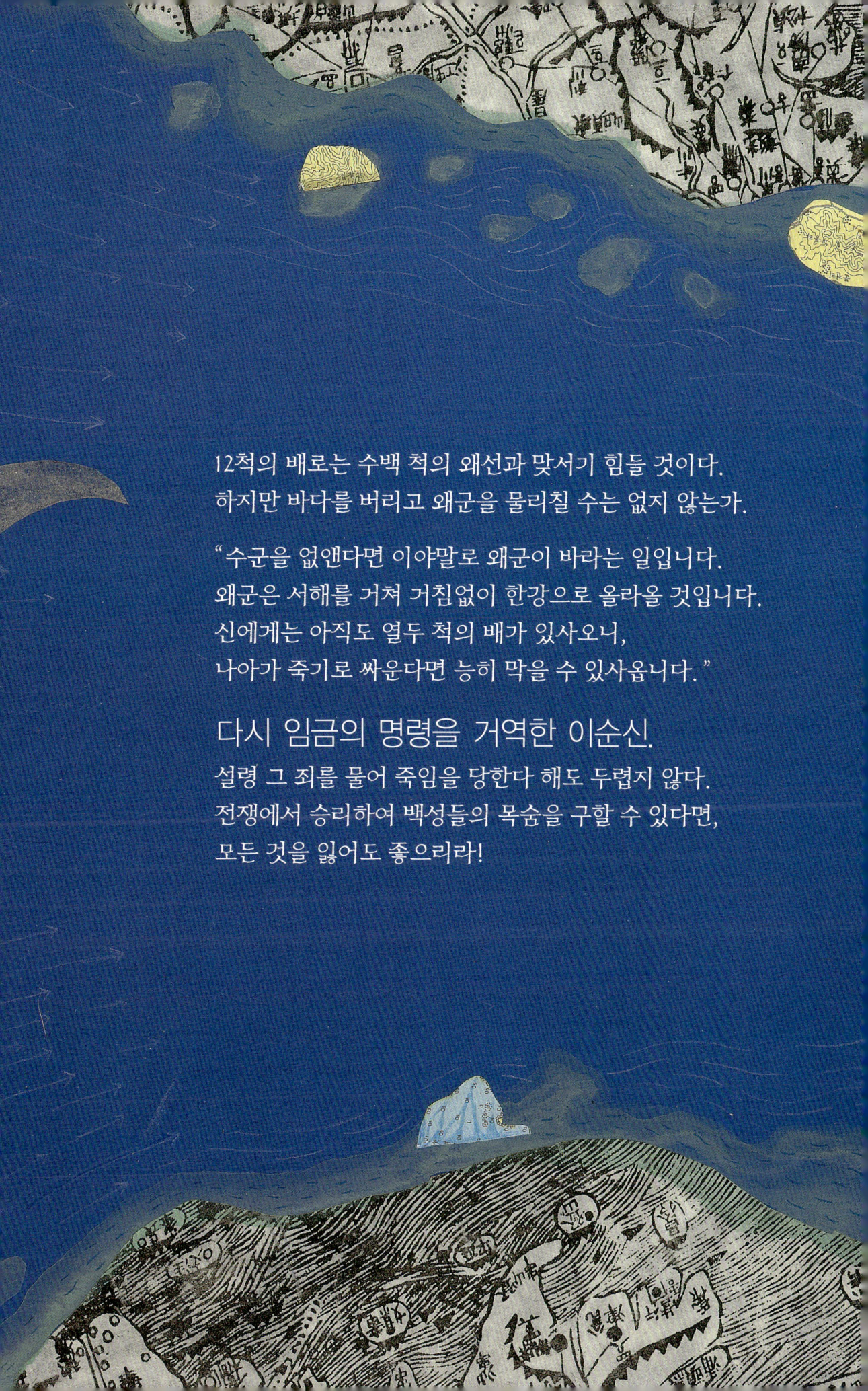

12척의 배로는 수백 척의 왜선과 맞서기 힘들 것이다.
하지만 바다를 버리고 왜군을 물리칠 수는 없지 않는가.

"수군을 없앤다면 이야말로 왜군이 바라는 일입니다.
왜군은 서해를 거쳐 거침없이 한강으로 올라올 것입니다.
신에게는 아직도 열두 척의 배가 있사오니,
나아가 죽기로 싸운다면 능히 막을 수 있사옵니다."

다시 임금의 명령을 거역한 이순신.
설령 그 죄를 물어 죽임을 당한다 해도 두렵지 않다.
전쟁에서 승리하여 백성들의 목숨을 구할 수 있다면,
모든 것을 잃어도 좋으리라!

서해로 가는 길목.
그중에서도 폭이 좁고 물살이 빠른 명량 해협.
치밀한 계획만이 살길이다!
이순신은 명량 해협으로 적의 배들을 끌어들이기로 했다.

"죽고자 하면 살고, 살고자 하면 죽는다!"

명량 해협에 들어선 왜선들이 거친 물살에 휩쓸려
우왕좌왕했다. 이때다!
조선 수군의 배 12척이 일자로 늘어서며 화포를 쏘아 댔다.
검붉게 터지는 화포 소리와 불속을 가르는 총소리.
도망갈 틈을 찾지 못한 채 불타는 적의 배들.
단 12척의 배로 왜선 133척을 맞아 31척을 가라앉힌 명량 해전!
이순신의 고민과 치밀한 계획이 낳은 승리였다.

명량 해전의 패배로 왜군은 싸울 힘을 잃었다.
이순신이 바다를 지키는 한
조선을 손에 넣을 수 없으리라.

"조선은 큰 나라다.
동쪽을 치면 서쪽을 지키고,
왼쪽을 치면 오른쪽에 모이니,
아마도 조선을 손에 넣으려면
10년이 걸려도 끝이 날 것 같지 않다."

왜군은 선조 임금에게 더는 싸울 뜻이 없으니
일본 땅으로 돌아갈 길을 열어 달라고 했다.
전쟁에 지친 임금과 대부분의 신하들은
왜군의 뜻을 받아들였다.
하지만……,
이 전쟁이 임금과 몇몇 신하들만의 전쟁이었던가?

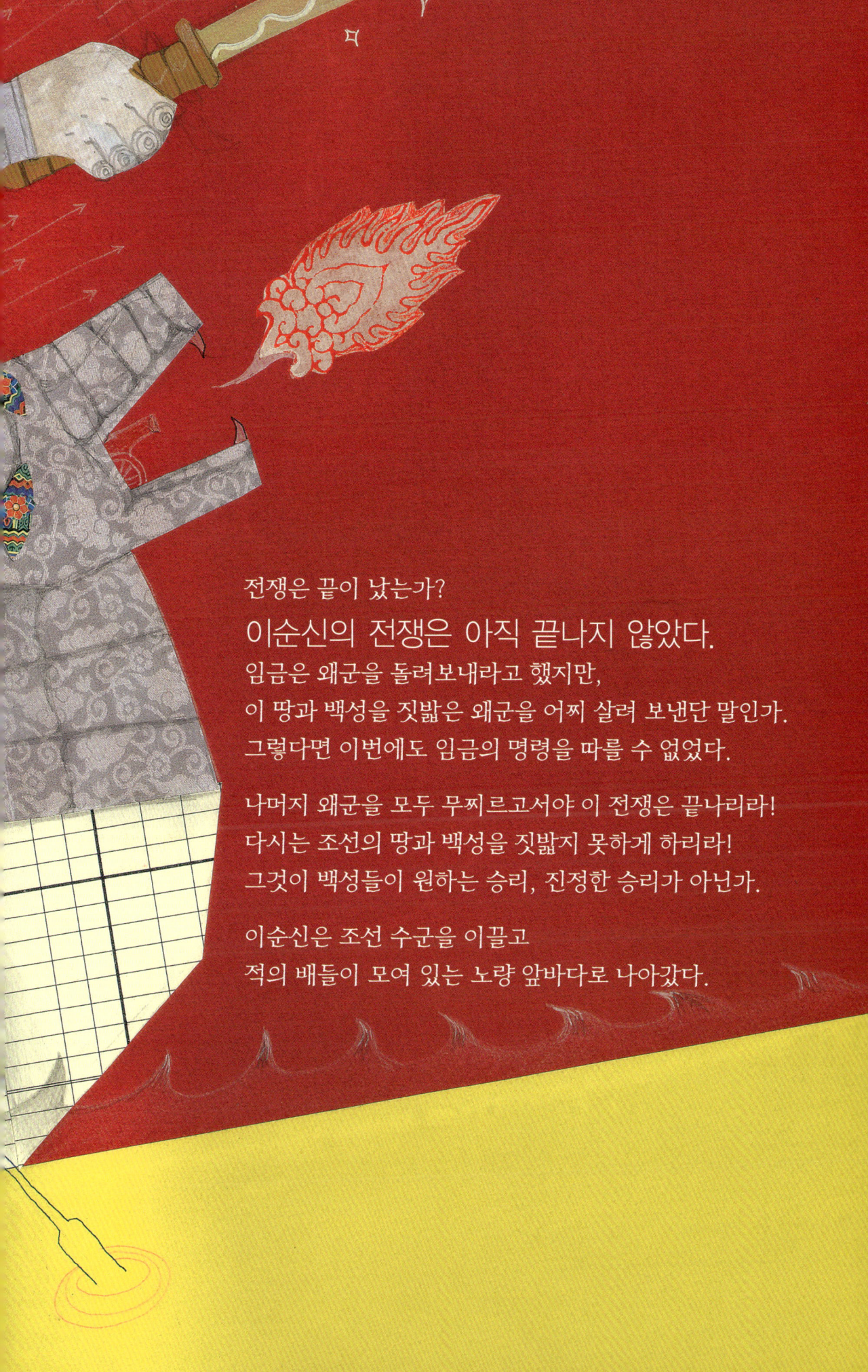

전쟁은 끝이 났는가?
이순신의 전쟁은 아직 끝나지 않았다.
임금은 왜군을 돌려보내라고 했지만,
이 땅과 백성을 짓밟은 왜군을 어찌 살려 보낸단 말인가.
그렇다면 이번에도 임금의 명령을 따를 수 없었다.

나머지 왜군을 모두 무찌르고서야 이 전쟁은 끝나리라!
다시는 조선의 땅과 백성을 짓밟지 못하게 하리라!
그것이 백성들이 원하는 승리, 진정한 승리가 아닌가.

이순신은 조선 수군을 이끌고
적의 배들이 모여 있는 노량 앞바다로 나아갔다.

그날, 노량 앞바다에 있던 왜선 500여 척 가운데
살아 돌아간 배는 50여 척뿐이었다.
그러나 이순신은 전투 막바지에 왜군이 쏜 총탄에 쓰러지고 말았다.
"어서 방패로 나를 가려라. 부디 나의 죽음을 적에게 알리지 마라."
죽음의 순간에서조차 전쟁의 승리만을 생각한 이순신.
이순신이 그토록 승리를 원했던 이유는 무엇이었을까?

지난 날, 감옥에 갇힌 이순신을 위해 임금에게 올렸던
이억기 장군의 상소에 그 답이 있으니……
"장수에게 있어 싸우는 것보다 더 어려운 것은
참고 때를 기다리는 것입니다. 이순신이 움직이지 않은 것은
나라의 명을 중히 여기지 않아서가 아니라,
함정에 걸려 군사와 배를 잃고 자칫 왜적에게
남해를 내어 줄까 걱정했기 때문입니다.
이순신에게 죄가 있다면, 그것은 나라와 백성을 사랑한 죄뿐입니다."

이순신은 세계 해군 역사상 최고의 기록을 남겼으니,
23전 23승!
세계 어떤 장군도 깨뜨리지 못한 위대한 기록이었다.

**왜군의 장수조차 가장 존경하는 인물로
이순신을 기억했다.**

"내가 가장 두려워하는 사람은 이순신이며,
가장 미워하는 사람도 이순신이고,
가장 좋아하는 사람도 이순신이며,
가장 존경하고 떠받드는 사람도 이순신이고,
가장 죽이고 싶은 사람도 이순신이며,
가장 차를 함께 마시고 싶은 사람도 이순신이다."
- 왜군 장수, 와키자카

1545 | 조선의 한양에서 태어남.

1565 | 보성 군수의 딸과 결혼.

1572 | 군인을 뽑는 별과 시험을 보지만 말에서 떨어져 다리가 부러지는 바람에 불합격.

1576 | 무과에 합격.

1588 | 녹둔도에 쳐들어온 여진족을 물리침.

1591 | 전라좌도 수군절도사에 임명됨.

1592 | 4월 14일, 왜선 700여 척을 앞세우고 일본이 침략한 임진왜란 일어남.
5월 4일, 첫 전투인 옥포에서 왜선 26척 격파.
7월, 한산도에서 왜선 47척을 격파하고 13척을 끌고 감.
9월, 부산포에서 왜선 100척을 격파.

이순신
1545-1598

1598 | 11월 19일, 마지막 전투가 된 노량 해전에서 전사.

1597 | 1월, 가토 기요마사 등이 일본군 14만여 명을 이끌고 다시 쳐들어옴. 이순신은 선조 임금의 출전 명령을 거역한 죄로 백의종군. 7월, 원균의 칠천량 해전 패배 뒤 9월, 명량 해전에서 승리.

1596 | 휴전 협정으로 일본군 돌아감.

1594 | 당항포 해전, 장문포 해전, 영등포 해전, 2차 장문포 해전에서 연이어 승리.

1593 | 조선 수군 본영을 한산도로 옮김. 8월, 삼도 수군통제사로 임명됨.

이순신

'나라에 재앙과 난리가 생기면 하늘은 반드시 그 어려움을 이겨낼 인물을 낸다.' 왜적의 침략으로부터 나라를 구한 충무공 이순신이 바로 그런 사람입니다.

이순신은 1545년 조선의 한양에서 태어났습니다. 서른두 살, 늦은 나이에 무과 시험에 합격하여 벼슬길에 올랐지만 남들이 꺼리는 국경 지역을 떠돌았어요. 성품이 강직한 탓에 윗사람들에게 미움을 샀기 때문입니다. 하지만 억울한 일을 당하면서도 늘 나라와 백성을 위해 최선을 다했지요. 마침내 1591년에 전라좌도를 책임지는 수군절도사로 임명됩니다.

이때부터 이순신은 전쟁 준비를 하기 시작했어요. 당시 일본은 호시탐탐 조선을 쳐들어올 계획을 세우고 있었거든요. 조선의 벼슬아치들은 일본이 '침략할 것이다', '아니다' 라는 두 주장으로 나뉘어, 자신들의 이익에 따라 편을 가르고 싸웠답니다. 어차피 전쟁은 장수와 병사들이 하는 것. 머뭇거릴 틈이 없었어요. 튼튼한 전함을 만들고, 식량과 화약도 모으고, 병사들의 훈련도 게을리하지 않았어요. 그리고 적의 배들을 휘젓고 다닐 비밀 무기, 거북선을 만들기 시작했지요.

1592년 4월 13일, 일본 전함 7백여 척이 부산포를 공격해 왔어요. 7년 동안 2차에 걸쳐서 침입한 일본과의 싸움, 임진왜란이 벌어진 것입니다. 전쟁 준비를 하지 못한 조선은 순식간에 무너지고 말았어요. 부산과 동래성, 김해 등 주요 지역들이 차례로 무너지며 임금조차 피난길에 오르게 되었지요. 위기에 빠진 나라와 백성을 구하기 위해 이순신은 함대를 이끌고 적을 향해 돌진했습니다. 거북선을 앞세운 이순신의 수군은 거침없이 바다로 나아갔고, 연전연승. 이어지는 전투에서 승리를 거두었어요.

마침내 이순신이 이끄는 조선 수군은 한산도에서 그 실력을 아낌없이 펼칩니다. 세계 전쟁사의 최고 전투로 남은 한산도 대첩. 이순신은 학익진 전법으로 왜선들을 먼 바다로 유인하여 큰 승리를 거두었어요. 한산도 전투의 승리로 이순신은 조선 수군의 최고 우두머리인 삼도 수군통제사가 되고, 왜군들이 가장 두려워하는 존재가 되었지요. 조선 수군의 승리와 의병들의 활약으로 왜군은 휴전 협상을 벌이고, 일본으로 돌아갑니다. 그러나 여기서 끝이 아니었어요. 1597년, 가토 기요마사가 이끄는 왜군이 바다를 건너올 것이라는 정보가 선조 임금에게 전달됩니다. 그것은 거짓 정보. 이미 가토는 왜군을 이끌고 바다를 건너온 뒤였습니다. 길목을 지키고 있다가 조선 수군의 뒤를 치려는 함정이었지요.

선조 임금은 출전 명령을 내리지만 이순신은 끝내 따르지 않았습니다. 이미 첩보원들에게 거짓 정보라는 것을 들었기 때문입니다. 임금의 명령을 따르지 않은 죄로 이순신은 한양으로 끌려가 감옥에 갇히고 말았습니다. 오랜 친구 유성룡의 도움으로 목숨만은 건졌지만, 병사의 신분으로 전쟁에 참여하게 됩니다. 이를 백의종군이라 하지요. 그 사이 삼도 수군통제사로 임명된 원균은 칠천량 전투에서 크게 패하고, 다급해진 임금은 이순신을 다시 불러들입니다.

12척의 배로 수백 척의 왜선에 맞서야 하는 상황! 이순신은 적의 상태를 파악하고 치밀하게 전투 작전을 세웠습니다. 물론 이순신의 작전은 성공했고 조선 수군은 큰 승리를 거두니, 이것이 바로 명량 대첩입니다. 왜군은 급격히 힘을 잃고 철수를 서둘렀습니다. 하지만 이순신은 왜군을 용서할 수가 없었답니다. "한 놈도 살려 보내지 마라!" 조선 수군을 이끌고 노량 앞바다로 향하는 이순신. 임진왜란의 마지막 전투가 된 노량 해전. 적의 총탄에 맞은 이순신에게도 마지막 전투가 되고 말았습니다.

나라의 주인인 백성의 편에서 나라의 미래를 걱정하는 일. 이순신은 어떤 것이 나라를 위하는 '진정한 충'인지 몸과 마음으로 실천했답니다.

제승당으로!

이순신 장군이 임진왜란 당시 직접 세우고 삼도 수군을 지휘하던 총 본부예요. 이곳에서 지내며 작전을 짜곤 했어요. 경상남도 통영시 한산도에 있어요.

조선 시대 장군들의 갑옷.

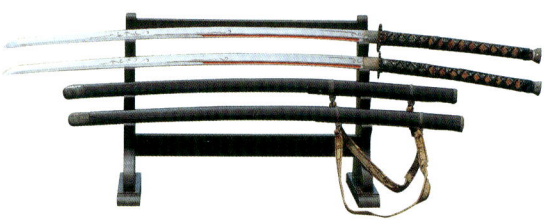

이순신 장군이 쓰던 칼.

··· 제승당
·· 수루_한산도 앞바다가 한눈에 내려다보여요. 한산도가가 쓰여진 현판이 걸려 있어요.
· 충무사_이순신의 영정이 모셔져 있어요.

한산도 앞바다.

현충사로!

이순신 장군이 죽은 지 100여 년이 지난 숙종 때,
이순신을 기리기 위해 지어진 사당이에요.
본전, 고택, 유물전시관 등을 짓고
1967년에 지금의 모습을 갖추었어요.
충청남도 아산시에 있어요.

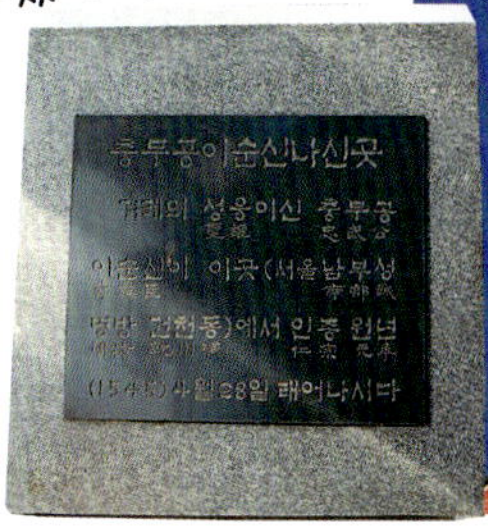

이순신이 살던 집.

현충사 본전.

유물전시관_
난중일기, 장검 등 이순신의 유물과 임진왜란
때 사용하던 무기 들을 볼 수 있어요.

이순신의 묘_
현충사에서 조금 떨어진 어라산에 있어요.

사람, 이순신

이순신은 우리나라 역사상 최고의 장군으로 평가해도 부족함이 없는 장수입니다. 하지만 그런 이순신도 두려움과 슬픔을 느꼈던 한 사람이었습니다. 장군이 아닌 사람 이순신은 어떤 모습일까요? 그가 남긴 유적과 유물들은 인간 이순신을 생각하게 합니다.

난중일기

임진왜란 7년 동안 이순신이 쓴 일기입니다. 모두 9책으로 이루어져 있으며, 국보 76호로 지정될 만큼 큰 가치를 지니고 있어요.
첫째, 임진왜란의 상황을 가장 자세히 알려주는 일기입니다. 둘째, 목숨을 걸고 싸우던 전투 상황이 생생하게 그려져 있어요. 셋째, 당시 수군을 연구하는 데 중요한 자료들이 많아요. 넷째, 이순신의 나라 사랑하는 마음과 부모에게 효도하는 마음 그리고 의로움 등이 잘 나타나 있어 후손들에게 큰 교훈이 되고 있어요. 다섯째, 잘 다듬어지고 꾸밈없는 글이 예술 작품으로도 손색이 없답니다.

한산도가

한산도가는 이순신 장군이 직접 지은 시조입니다. 한산도에서 삼도 수군통제사로 있을 때 지은 것으로 추측하고 있어요.

특히 한산도가는 백성들 사이에서도 유명했다고 해요. 나라와 백성을 걱정하며 잠 못 이루던 장군의 애끓는 마음이 잘 표현되어 있기 때문일 거예요. (여기서 '일성호가'는 한 곡조의 피리 소리를 뜻합니다.)

충무공

1643년, 이순신 장군이 전사한 지 45년이 지난 뒤에 '충무공(忠武公)'이라는 시호가 내려졌어요. (시호란 왕이나 관리 등이 죽은 뒤에 그 공을 기리기 위해 붙인 이름입니다.)

'충'은 나라나 임금을 목숨 바쳐 지키는 일. 그러나 이순신은 임금의 명령을 따르지 않은 죄로 감옥에 갇혔습니다. 임금의 명령을 어기는 일은 곧 충성을 다하지 않는 것. 왜 이순신은 임금의 뜻을 어기면서까지 군사를 움직이지 않았을까요? 무엇이 나라와 백성을 위하는 일인지 깊이 고민했기 때문입니다. 만일 임금의 명령을 따르기 위해 전투에 나섰다면, 왜장 가토의 꾐에 넘어가 크게 패하고 말았을 거예요. 그렇게 되었다면, 나라와 백성은 어찌되었을까요? 많은 사람들이 '충'을 이야기하지만, 이순신에게 있어 진정한 '충'은 백성을 위하는 것임을 알 수 있습니다.

한산섬 달 밝은 밤에 수루에 홀로 앉아
큰 칼 옆에 차고 깊은 시름 하는 차에
어디서 일성호가는 남의 애를 끓나니

한산도 대첩의 주인공들

한산도 대첩은 행주 대첩, 진주 대첩과 더불어 임진왜란의 3대 대첩으로 불린답니다. 특히 폭이 좁고 물살이 빠른 견내량에 있던 적의 전함들을 한산도로 끌어낸 이순신의 치밀한 작전이 돋보이는 전투였어요. 하지만 이순신 혼자의 힘으로 이루어 낸 승리가 아닙니다. 이순신 장군을 도와 불리한 전투를 승리로 이끈 숨은 주역들이 있었기에 가능했지요.

거북선

이순신은 전쟁에 이기려면 튼튼한 배가 있어야한다는 사실을 잘 알고 있었어요. 그래서 나대용의 설계도를 참고하여 거북선을 만들었어요. 세계 최초의 철갑선인 거북선은 효과적으로 적과 싸울 수 있도록 만들어졌어요. 나무로 만든 배 위에는 철갑을 씌워 화살이나 총알을 막을 수 있게 했어요. 그런 다음 날카로운 창을 꽂아 적군이 기어 올라오는 것을 막았지요. 용머리에서는 유황을 태운 연기가 나와 적을 위협했고, 도깨비 머리는 물길을 갈라 배가 앞으로 나아가는 데 도움을 주었어요. 이처럼 장식품 하나까지도 철저하게 계산해서 만든 거북선은 임진왜란이 승리하는 데 큰 힘이 되었지요.

화약

임진왜란에는 화약을 이용한 화포가 주로 사용되었어요. 임진왜란이 화약 전쟁이 되리라 예상했던 이순신은 충분한 양의 화약을 준비했어요. 하지만 전쟁이 터지자, 화약은 금세 바닥이 나고 말았지요. 결국 화약을 다시 만들어야만 했는데, 재료를 구하기 어려웠고, 화약을 만들 줄 아는 사람을 찾기도 힘들었어요. 그때 질 좋은 화약을 만든 사람이 이봉수였어요. 당시 화약을 만드는 일은 왜적의 배 수백 척을 무찌르는 일만큼이나 값진 일이었어요. 한산도 대첩이 승리할 수 있었던 이유 가운데 하나가 좋은 화약으로 무장한 무기의 힘이었으니까요.

학익진 전법

좋은 군사와 훌륭한 무기가 있다 해도 작전을 잘못 쓴다면, 전쟁에서 승리할 수 있을까요? 전투의 핵심은 역시 철저한 작전이지요.
한산도 대첩에서는 학익진이란 전법이 사용되었어요. 학의 날개 모양으로 적을 둘러싸고 공격하는 학익진 전법. 보통 육지에서 사용하는 이 전법을 이순신은 바다에서 과감하게 사용하여 승리를 이끌어 냈지요. 작전이 훌륭했으니, 당연히 그 동안 준비한 무기와 군사들이 더 큰 힘을 발휘할 수 있었답니다.

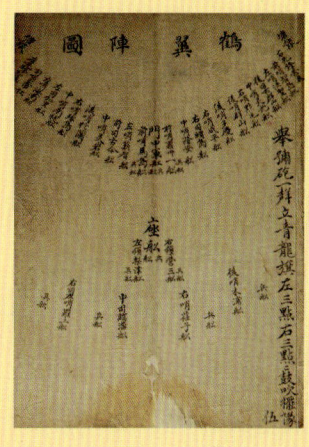

어영담

'빠른 시간 안에 바다를 정복해야 해. 바다를 모르면 왜적을 이길 수 없어.' 이순신의 머릿속에는 늘 이런 생각이 떠나질 않았어요. 대포와 판옥선, 그리고 거북선이 있었지만, 이 모든 것이 물길을 모른다면 효과적으로 쓰일 수 없었기 때문입니다.
마침 이순신 앞에 나타난 인물이 물길 박사라 불리는 장수 어영담이었답니다. 어영담은 바닷길과 바다의 특성을 잘 알았기 때문에 전투 계획을 세우는 데 큰 힘이 되었어요. 수많은 해전에서 이순신 장군이 승리를 거둘 수 있었던 데에는 어영담의 정보와 재능이 큰 역할을 했지요.